AF360045

VILLE DE BREST

Concours Régional de 1884

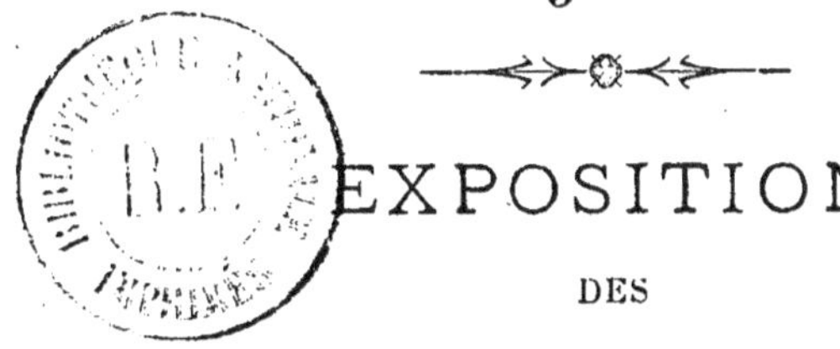

EXPOSITION

DES

BEAUX-ARTS

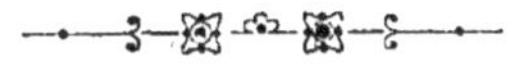

CATALOGUE

DES OUVRAGES

*De Peinture, Dessin, Aquarelle, Sculpture,
Gravure, Architecture et Art rétrospectif.*

Prix : 50 Centimes

BREST

TYPOG.-LITHOG. F. HALÉGOUET, RUE KLÉBER, 11.

1884

EXPOSITION
DES BEAUX-ARTS
ET DES ARTS RÉTROSPETIFS

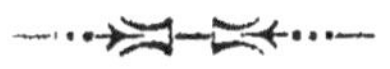

RÈGLEMENT SPÉCIAL

Cette Exposition comprendra deux Sections : l'une, recevra les Peintures, Dessins et Sculptures ; l'autre, sera consacrée aux Arts rétrospectifs.

1re SECTION. — 1° Peintures à l'huile ;
2° Peintures diverses et Dessins ;
3° Sculptures et Gravures sur médailles ;
4° Dessins et Modèles d'architecture ;
5° Gravures et Lithographies ;
6° Emaux, Céramiques d'art.

2e SECTION. — 1° Tableaux et Sculptures dont les auteurs sont décédés ;
2° Médailles et Tapisseries ;
3° Mosaïques, Céramiques, Emaux, Camées, Bijoux, Médailles, Armes, etc.

ARTICLE 1er. — Une Exposition artistique aura lieu à Brest, du 15 Mai au 16 Juin 1884, avec faculté à l'Administration de la proroger jusqu'au 16 Juillet.

ART. 2. — Cette Exposition, divisée en deux Sections, comprendra :

1° Les Tableaux, Sculptures. Dessins, Objets d'art des artistes vivants, nés ou ayant élection de domicile dans les sept départements de la région indiqués à l'article 3 du présent Règlement ;

2° Les Tableaux et Objets d'art rétrospectifs, où se trouveront placés les artistes décédés, même dans l'année.

ART. 3. — Les départements de la région sont : le Finistère, les Côtes-du-Nord, le Morbihan, l'Ille-et Vilaine, la Loire-Inférieure, le Maine et-Loire, la Mayenne.

ART. 4. — Ces sept départements participent seuls aux récompenses dans la première section. Il n'en est donc pas accordé aux exposants de la deuxième section, dite rétrospective.

ART. 5. — Les artistes ou exposants étrangers à la région pourront toutefois faire des envois mais ils ne bénéficieront pas des avantages et récompenses visés par les articles 4 et 9 du présent Règlement.

Cependant, des Mentions hors concours et des Diplômes d'honneur pourront leur être accordés.

ART. 6. — La première section comprendra :

1° La peinture à l'huile ;

2° Les Aquarelles, Gouaches, Pastels, Fusains, Dessins, Gravures, Lithographies ;

3° Les Sculptures. Médailles , Gravures sur médailles :

3⁰ Les Dessins et Modèles d'architecture.

La deuxième section, dite rétrospective, comprendra :

1⁰ Les Tableaux, Dessins, etc., Sculptures, Objets d'art, des artistes décédés même dans l'année ;

2⁰ Les Meubles et les Tapisseries ;

3⁰ La Céramique, les Mosaïques, les Emaux, les Camées, les Armes, les Bijoux, les Monnaies, les médailles, et, en général, les objets présentant un intérêt artistique, archéologique, historique et préhistorique, Livres, Manuscrits, Reliures anciennes, etc.

Art. 7 — Le nombre des Tableaux ou Objets d'art présentés par chaque exposant n'est pas limité. Mais la Commission se réserve le droit de le faire, si, pour des raisons dont elle restera juge, ou si la place manquait au dernier moment, elle s'y trouvait contrainte.

Art. 8. — Les Tableaux ne devront pas excéder, cadre compris, la dimension de 2 mètres 50 centimètres sur le plus grand côté. Les Sculptures, le poids de 200 kilos.

Art. 9. — Les Tableaux et Objets d'art, les Sculptures, etc., de la région, jouiront seuls du bénéfice du port gratuit d'aller et retour. Le chemin de fer sera employé toutes les fois que cela sera possible.

Les caisses seront fermées avec des clous à vis, et le nom de l'exposant écrit à l'intérieur de la couverture. L'Administration se charge, à ces conditions, de tous les frais d'expédition et de réepexdition.

Art. 10. — Les Tableaux ronds ou ovales seront

placés sur des planches rectangulaires. Les toiles seront bien fixées dans leurs bordures ; les coins seront garnis de fascines en papier.

ART. 11. — La Ville ne sera, en aucun cas, responsable des risques d'emballage et de ceux du voyage.

L'état des colis sera constaté à l'arrivée et les intéressés avertis en cas d'avarie.

De plus, l'Administration et ses Agents ne répondent des accidents pouvant survenir dans le maniement des objets de sculpture, en raison de leur extrême fragilité, et les risques du voyage reteront, à l'aller et au retour, à la charge des intéressés.

ART. 12. — Des notices d'exposants, remplies dans la forme annexée au présent Règlement, seront signées des intéressés ou de leurs correspondants ; elles seront adressées, en double expédition, à M. le Président de la section des Beaux-Arts, au plus tard le 31 Mars 1884.

ART. 13. — Les Tableaux et Objets d'art devront être rendus à destination du 25 Avril au 5 Mai ; ils seront adressés à M. le Président de la Commission spéciale, au Musée ; passé ce délai, aucun produit ne pourra être admis. Les notices d'envois devront porter, en regard des Objets ou Tableaux, toutes les explications nécessaires à la rédaction du Catalogue, et les prix demandés par les artistes.

ART. 14. — Ne pourront être présentés :

1° Les Tableaux sans cadres ;

2° Les Ouvrages anonymes ;

3° Les Copies si elles ne sont d'un genre différent de l'original ;

4° Les Sculptures eu terre non cuite.

Art. 15. — Le classement, l'organisation inté-
rieure, le placement, la rédaction du Catalogue
sont laissés aux soins de la Commission. *Pendant
ces travaux, l'entrée des galeries sera complète-
ment interdite aux exposants et au public ; nul
ne pourra intervenir dans ces détails, ni s'oppo-
ser aux décisions prises, sous quelque prétexte
que ce soit.*

Art. 16. — Une assurance contre l'incendie
sera contractée pour les deux sections. Elle sera
basée sur la déclaration des chiffres portés aux
notices.

La Commission pourra faire l'acquisition d'un
certain nombre d'œuvres.

Il sera prélevé un droit de 10 p. 0/0 sur les
acquisitions faites par les amateurs, les villes ou
les Sociétés, que ces ventes soient faites directe ·
ment par les intéressés ou par les soins de
l'Administration.

Art. 17. — Les plus grands soins seront
apportés aux intérêts de tous ; un Membre de la
Commission présidera à l'arrivée, au déballage,
et, plus tard, à la réexpédition des colis.

Art. 18. — Des récompenses seront accordées
en médailles or, vermeil, argent, bronze, diplômes
d'honneur et mentions honorables.

A cet effet, un Jury spécial sera élu, moitié par
l'Administration, moitié par les exposants. La
date de cette élection sera indiquée ultérieurement
aux intéressés.

Nul exposant ne peut faire partie de ce Jury, s'il
n'est pris dans une section étrangère à celle des
Beaux-Arts.

Art. 19. — Aucune œuvre ne pourra être

retirée, sous aucun prétexte, avant la fin de l'Exposition.

Des cartes d'entrée, exclusivement personnelles, seront délivrées aux exposants sur la présentation de leur notice portant récépissé de dépôt.

L'Exposition sera ouverte tous les jours, de 9 heures du matin, à 6 heures du soir.

COMMISSION

MM. BERGER, adjoint-maire, président.

CHÉDEVILLE, directeur des Constructions navales, en retraite.

PAYEN, docteur-médecin.

FROGER, professeur au *Borda* (École navale).

LACOSTE, professeur de dessin au Lycée.

LE DALL, id.

HOMBRON, conservateur du Musée de Brest, artiste peintre.

I. PEINTURE[1]

Arnould (Jacques-Edmond), né à Bar-le-Duc (Meuse). Elève de Bonvin et Huguenin. Rue de Paris, à Brest.

1. Portrait de M. D...
2. Portrait d'enfant.
3. Portrait de l'auteur.

Arondel (Henri), né à Saint-Malo (Ille-et-Vilaine). Elève de M. Murciani. Méd. d'argent, St-Brieuc A St-Malo.

4. Port de Saint-Malo, marée basse.
5. Effet de neige.
6. Brisants, marine.
7. Paysage.

Arosa (Mlle Marguerite), née à Paris. Elève de MM. Armand Gautier et Barrias. A Saint-Quay (Côtes-du-Nord).

8* Chrysanthèmes.
9* Marée basse.

---

(1) Les astériques (*) indiquent les objets à vendre.

Baillet (Ernest), né à Brest (Finistère). Elève de MM. Saunier et Pelouse. Prix Troyon en 1879. Méd. de 3ᵉ cl. Salon 1883. 19, rue d'Orsel, à Paris.

10. Rue à Lannion (Côtes-du-Nord).
11. Intérieur de Cour à Ploaret, près Douarnenez (Finistère).

Barret (Félix), né à Brest (Finistère). Elève de Gérard, Regnault, Ingres. Ment. hon. Rennes. Méd. de bronze, St-Brieuc. 13, rue de la Mairie, Brest.
12* Les lavandières de nuit, superstition bretonne.
13* Portrait de M. B***.
(A l'Auteur).
14* Un pauvre aveugle.

Biré (Gabriel), né à Saint-Denis-le-Chevasse (Vendée). Élève de E. Picou. A Nantes, avenue Camus, 25.
15* Boulevard Botton, à Royan (Charente-Infér.).
16. Le soir.

Burnington.
17* Bois d'Amour, à Pont-Aven (Finistère).
(A M. Jacquemin).
18* Une rue, à Quimperlé.
(A M. Jacquemin).

Cacheux (Jean-Baptiste), né à Bois-Robert (Seine-et-Oise). A Rennes, rue de Châtillon, 22.
19* La Vilaine, à Rennes, fin février 1884.
20* Faucardement de l'Epte, à Gisors (Eure).

Caradec (Yves-François-Louis), né à
Brest (Finistère). Élève de M. Char-
rioux. A Brest.

21. Procession au passage de Plougastel.
(Appartient à M. Panaget).
22. Le gué, Châteaulin.
(A M. Bellamy).
23. École évangélique (Côtes-du-Nord).
(A M. Caradec)
24. Danse bretonne.
(A M. Bellamy).
25. Jeune fille à l'église.
(A M. Hombron).

Chaillou (Narcisse), né à Nantes. Elè-
ve de MM. Hébert et Bonnat. Médail. à
Londres. 1re médaille à Compiègne, à
Versailles, à Vannes. Baud (Morbihan).

26* Les dernières amours du père Jacques
27* La roche du diable, souvenir de Quiberon.
28. Dans les Vosges 1870-1871.
(A l'auteur.
29* Le Retour du marché.

Chanon (Emile), né à Vannes (Morbihan). A Quimperlé.

30. Perrette et le pot au lait.
31. Il m'aime, un peu, beaucoup, etc.
32. Fille, femme, veuve.

Clédat de Lavigerie (Samuel-Marie),
né à Angers (Maine-et-Loire). Mention
honorable, Vannes 1883. 82, rue de
Bagnolet, à Paris.

33* La montée de Biard, vue prise à Poitiers.

Dupasquier (Henri), né à Laigle (Orne). Méd. de bronze à St-Brieuc). A Plouagat (Côtes-du-Nord).

46* Bord du Leff, près Châtelaudren (Côtes-du-Nord).
47* Pommiers en fleurs.

Dupré (Jean-Baptiste), né à Cossé-le-Vivien (Mayenne). Elève de MM. Abraham et Fils. Méd. d'arg. à Laval 1874. Rappel de méd. d'arg. 1re clas. Laval 1875. Ment. hon. à Amiens 1877. Méd. de verm. grand mod. Laval 1879. Méd. d'arg. Le Mans 1880. Méd. d'arg. Vannes 1883. A Château-Gontier (Mayenne).

48* Paysanne trayant ses vaches.
49* Intérieur à Nazareth.
(Voir dessins).

Espinet (Mme Caroline), né à Lyon. Elève de Ernest Coroller et M. Lazerges. Méd. d'arg. Le Mans 1880. Méd. d'arg. Vannes 1883. A Lorient (Morbihan).

50* La cotriade.
51* Sur la plage.
52* Les falaises de Villers sur mer (Calvados).

Flornoy (John) né à Grenoble (Isère), 19, quai Baco, à Nantes.

53* Au concours hippique.
54* Nature morte.
55* Etude à Trentemoult, marine.
56* Etude à Jonzac.
57* Etude à Nantes, route de Paris.

Collot-Béranger (Mme Elisa), née à
Brest. Elève de M. Diosse. A Brest.

34* Chemin du Cosquer.
35* Roche au loup. Bois de Kérérault.

Collot-Béranger (Henri), né à Brest.
Elève de M. Auger, père. A Brest, rue
de Paris.

36* Grève du Moulin-Blanc.
37* Vaches au pâturage.

(Voir dessins).

Crouan (Alexis), né à Brest. Elève de
Godefroy. A Landévenec.

38. Portraorc'h. Baie de Douarnenez.
39. Grotte de Morgat.
40. Sentier sous bois (Landévennec).

Crouan (Mlle Julie), née à Brest. Elève
de MM. Al. Colas et Salomé. Admise
aux Salons annuels de Paris, depuis
1876. Méd. à Amiens 1883. A Lille et
à Brest, chez M. Crouan, Henri, rue
d'Aiguillon, 38.

41* Les roses de l'atelier.
42* Mandarines et violettes.

Deyrolle (Théophile), né à Paris. Elève
de MM. Bouguereau et Cabanel. Ment.
hon. au Salon de Paris. A Concarneau.

43. Le petit pêcheur.
44 Le lavoir du Porzou.
45. Marne (soleil couchant).

Fortin (Paul), né à Paris. Elève de
Horace Vernet. 2, rue Massillon, à
Lambézellec (Finistère).

58. Un lièvre nature morte.

(A M. Stears).

59. Une cuirasse.

(A M. Stears).

60. Portrait de **M. J...**
61. Chasse au loup, d'après Oudry.

(A M. Stears).

62. Etude de bretonne.

(A M. Berger).

63. Etude de breton.

(A M. Berger).

64* Une chienne.
65* Pigeon ramier.

Géo-Rémy (Mlle Virginie), né à Paris.
Elève de M. Chaplin. Médaille à Tours,
en 1881. 2, Rue Basse-du-Château, à
Nantes.

66. Portrait du marquis de L... R...

Girardet (Eugène), né a Paris. Elève
de Gerôme.

67. Souvenir de Parc-an-Coat (Rivière de Landerneau.)

(A M. Rouget.)

68. Vue prise au Trez-Hir, près Brest.

(A M. Rouget.)

Girardet (Jules), né à Paris. Elève de
Cabanel.

69* Pommiers en fleurs.

(A M. Jacquemin.)

Giraudon (Henri-Marie), né à Pertuis (Vaucluse). Elève de MM. Gerôme et Etex. A Pontivy (Morbihan).

70* Nature morte.

(Voir dessins).

Guernier (Charles-Eugène), né à Saint-Malo (Ille-et-Vilaine). Elève de messieurs Murciany et Garneray. Méd. or, vermeil, argent, bronze, aux Expositions de Naples (Italie), Saint-Brieuc, Trouville. 7, rue des Lauriers, à Saint-Malo.

71* La vague.
72* Le Passage du diable.

(Voir dessins).

Hamonic (Emile), né à Moncontour (Côtes-du-Nord). Médaille de bronze, Saint-Brieuc 1881. A Moncontour.

73. Portrait de Mlle H. de M... Souvenir des bords de la mer.
74* Lagarde-Guérin, avant l'orage, Saint-Briac (Ille-et-Vilaine).

(Voir dessins).

Herland (Mlle Emma), né à Cherbourg (Manche). Elève de M. Fischer. Méd. de vermeil à Saint-Brieuc, 1881. Mention honor., Versailles. A Concarneau.

75* La chanson du roi Dagobert.
76* En attendant la soupe.
77* Petite bretonne buvant du lait.

Hombron (Jean-Baptiste-Etienne-Henri), né à Lambézellec (Finistère). Elève

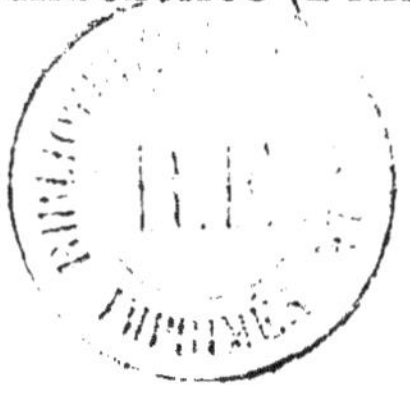

3

de M. Caradec. Méd. argent, St-Brieuc 1881. Ment. honor., Vannes 1883. A Brest, au Musée.

78. Portrait de M. L. C...
(A M. Le Coispellier).

79* Gibier et objets divers.

80* L'Etang du Tromeur, en Bohars. Effet du matin.

81. Un coin du bois du Frout, en Plougastel.
(A M. Bellamy).

82* Le vieux chemin de Pontanézen, en Lambézellec.

83* Bouquet d'œillets dans un verre.

84. Portrait du père B...
(Voir dessins).

Irvill (Joseph), né à Paris. Elève de C. Kurvasseg et Lansyer. Médailles, Amiens, Rochefort, Châteauroux, Dijon. 11, quai Voltaire. Paris.

85* Sentier sous bois.

86* Muiderberg (Hollande).

Jacquet (Edmond), né à Guichen (Ille-et-Vilaine). Elève de Charpentier. A Varades (Loire-Inférieure).

87* La plaine de l'Arche, à Varades.

Jamet (Pierre), né à Aucey (Manche). A Quimper (Finistère).

88* Vieille bretonne.

Jaouen (Théophile), né à Lesneven (Finistère). A Lanninon, en Saint-Pierre-Quilbignon (Finistère).

89* La fontaine de Clairbois (Finistère).
90* Une ferme en Saint-Pierre-Quilbignon, *idem*.
91* Portrait de T. J...
92* Le chemin du Frout, en Plougastel *(Finistère)*.
93* Pâturage à Plougastel (Finistère).
94* Une grève à Plounéour-Trez, *idem*.
95* Une petite famille. Etude de poules.
96* Un étang aux environs de Gouesnou (Finist.).

Jobbé-Duval (Félix), né à Carhaix (Finistère). Elève de P. Delaroche et Gleyre. Hors concours aux Salons de Paris.

97. Portrait de M. D...

(Appartient à M. Berger).
(Voir dessins).

Joubert (Léon), né à Quimper (Finistère). Elève de L.-G. Pelouze. Médaille à Rochefort. 50, rue Rodier, à Paris.

98* Paysages bretons. Six peintures dans un même cadre.
   1. Bords du Stéir, à Quimper.
   2. Environs de Saint-Malo.
   3. Vue du Champ-de-Bataille, Quimper.
   4. Vitré (Ille-et-Vilaine).
   5. Bords de l'Odet.
   6. Environs de Saint-Brieuc.

Lacoste (Léon-Joseph-Victor), né à Paris. Elève de MM. Cabanel, Luc-Olivier Merson, et de l'Ecole Nationale des Beaux-Arts.

99. Portrait de Mme L...
100* Vue prise entre Trouville et Villerville.

101. Barque de pêche.

(Salon de 1882).

102. Sidi-ben-Arbano, Arabe de tribu Tunisienne.
103. Salem, nègre de Tombouctou.
104* Bélier d'Afrique.
105* Mario Capucci. Petit pifferaro.
106* Loulou. Etude de chat.

(Voir dessins).

Landré (Mlle Louise-Amélie), née à Paris. Elève de MM. Chaplin et Barrias.

107* Le bourg de Batz (Loire-Inférieure).
108* Ah ! qu'il est doux de ne rien faire.

Leduc (Charles), né à Nantes. Méd. vermeil. Nantes, 1882. Médaille arg. Saint-Brieuc. Mention honorable, Rochefort 1883.

109* Pêche á la sardine.
110* Fêtes de Cherbourg.
111* Pêche au saumon.

(Voir dessins).

Lehideux (Paul), né à Brest (Finistère). Elève de M. Edmond Yon. A Brest, 19, rue Saint-Yves.

112* Dunes sainte Marguerite, près l'Aberwrac'h (Finistère).
113* L'Aberwrac'h (Finistère). Temps orageux.

Lemoine (Auguste), né à Matignon (Côtes-du-Nord). Méd. Saint-Brieuc. A Saint-Briac (Ille-et-Vilaine).

114* Entrée de l'église de Saint-Cast.

115* Matinée de printemps.
116* La source.

Lenfant (Louis), né à Metz.

117. Une noce.

(A M. Ghilino).

Le Trévennec (Pierre), né à Rostre-
nen (Côtes-du-Nord).

118. Nature morte.
119. Nature morte.
120. Nature morte.
121. Nature morte.

Lignac (Mme Elisabeth, de), née à
Evreux (Eure). Elève de M. Corroller.
A Lorient (Morbihan).

122. Phénonème crépusculaire de l'hiver 1883 à
1884.

Lorgeoux (François), né à Hennebont
(Morbihan). Elève de M. Duhoussaye.
Médaille argent St-Brieuc 1881. Ment.
honor., Vannes 1883. Rue du Finistère,
29, à Lorient.

123* Sous bois, Kéroman, environs de Lorient.
124* Tempête, pointe Lomener.
125* Brick à la côte, pointe Kerpape.

Mage (Henri-Léon), né à Nesle (Somme).
Elève de Léon Coquet. Méd. argent,
Amiens 1883. Méd. bronze, Amiens
1882.

126* Boucherie bretonne.

(Salon de 1882).

127. Nature morte.

(A M. le docteur Cras).

128* Un mendiant.
129. Une naïade.

(Voir dessins).

Maisonneuve (Thomas), né à Paris.
Elève d'Eugène Picou. A Nantes.

130* Paysage.
131* Paysage.

Marant-Boissauveur (Félix), né à
Lorient (Morbihan). Elève de M. Caradec et de MM. E. Hébert et Bonnat.

132* Créole de Valparaiso (Amérique méridionale).

(Voir dessins).

Michel (Emile), né à Brest (Finistère).
Elève de M. Cotté. A Kerfeunteun.

133. Bois de Corniguel, près Quimper.
134. Bois de Penhars, route de Pont-Labbé.

Nicolas (Auguste-Jules-Marie), né à
Brest (Finistère). Elève de MM. Mage
et Barret.

135. Portrait de M. C...
136. Portrait de Mlle M...
137. Un paysage. Avril.
138. Un paysage. Etude.

Nicolas (Jean-Louis), né à Morlaix
(Finistère).

139. Tableau de fleurs.
140. Tableau de fleurs.
141. Fruits.
142. Paysage.

Nicolas (Mme Virginie-Ernestine-Ma-
rie), née à Lorient (Morbihan). Elève

de M. Corroller. Mention honor. Versailles 1879. A Lorient.

143. Etude d'après nature à Pont-Aven (Finistère).

(A Mme Lehagre, de Lorient).

Noël (Louis), né à Quimperlé (Finistère). Eléve de Troyon. Méd. argent, Rennes 1859. Saint-Brieuc 1881. Vannes 1883. A Quimperlé.

144* Après-midi d'automne au Ruisseau du Pin-Pic, près Quimperlé (Finistère).

145* Le ruisseau au Cresson, gorge de Kerfouchère. Premier jour d'automne près Quimperlé.

146* Les hêtres de Penerven, sur les bords de la Laita, en novembre.

Penanchréach (Auguste-Louis), né à Brest (Finistère).

147. Déjeuner maigre.

148. Un cadre contenant six études de paysages.

Penfold (Franke), né à Buffalo (Etats-Unis). Eléve de son père. A Pont-Aven (Finistère).

149* Intérieur breton.

(A M. Jacquemin.)

150* Intérieur breton.

(A M. Jacquemin.)

Picou (Eugène), né à Nantes. Médailles d'argent et de bronze. 17, Impasse Rosière, à Nantes.

151* Intérieur de la galerie d'Apollon, au Louvre.

152* Le déjeuner du matin.

(Voir dessins.)

Placé (Emman^{el}), né à Placé (Mayenne).
Elève de Cabanel. Médaille argent,
Laval 1874. Place du Lieutenant, à
Laval.

153* Portrait de M. H. Archet.

Plateau (François), né à
Domicilié à Quimper.

154* Les bords du Steïr.
155* Soleil levant. Quimper.

Prevel (Louis-James), né à Nantes.
Elève de MM. Fortin, Bougerel et Questel. Méd. argent, Nantes 1861. Méd.
or, Nancy 1862. Médaille argent, Saint-
Brieuc, 1865. Ment. hon., Nimes 1863.
Ment. hon.,Vannes 1863. Quai Cassard,
1, à Nantes.

156 Vieux chemin sur la lisière d'un bois (Etude).
157 Vieille chaussée sur la Maine, à Montaigu
(Vendée).

(Voir dessins.)

Raub (Charles-Francisque), né à Brest
(Finistère). Elève de M. Bonnat. Ment.
honor. Paris 1880. 22, rue de la Mairie,
à Brest.

158. Portrait de M. P...

(A Mme Penquer).

Robbes (Aristide), né à Rennes (Ille-et-
Vilaine). Elève de M. Jourjou. 2, rue de
la Motte, à Rennes.

159. Le vallon de Tresby.

(Salon de 1881).

Roussin (Victor-Marie), né à Quimper (Finistère). Élève de M. Luminais. Méd. bronze, Nantes. Médail. arg., Le Mans. Médail. bronze, Boulogne. Méd. arg., Saint-Quentin. Méd. arg., Metz. A Keraval (Finistère).

160. Crépuscule en automne.
(Appartient à M. P. R.)..

161. Un petit coin d'atelier.
(Appartient à Mme X.).

162. Jeunes filles allant à la fontaine.
(Appartient à M. S...).

163. Repas de noces en Cornouailles.
(Appartient au Musée de Quimper).

Ruminy (Mme Héloïse), né à Saint-Malo (Ille-et-Vilaine). Élève de M. Coroller, 17, rue de l'Assemblée Nationale, à Lorient.

164. Port de guerre de Lorient.
165. La *Reine-Blanche*, cuirassé français.
166. Courlieux.
167. Chrysanthèmes.

Tanguy (Eugène, né à Vannes. Élève de M. Gleyre.

168. Carnac (Morbihan).
(A M. Bertic).

169. Paysage breton.
(A M. Bertic).

Tonnard (François), né à Brest. Au Relecq, en Guipavas.

170. Fleurs.

T... (Ferdinand), né à Brest (Finistère).

171* Ruisseau de Brélès, près Keroulas.
172* Etang de Kéroual, automne.
173* Allée de Kéroual, en Guilers (Finistère).
174* Entrée de ferme.
175* Ruisseau de Saint-Renan (Finistère).

Verdier (François-Emile), né à Saint-Hilaire (Eure-et-Loire). Elève de MM. de Galembert et Cabanel. Méd., Caen 1883. 19, rue du Calvaire, à Nantes.

176* Un conspirateur.
177* Le quart d'heure de Rabelais.

Viau (Raphaël), né à Savenay (Loire-Inférieure). Elève de MM. Gouézou et Sotta. A Savenay.

178. Vendredi à la mansarde, nature morte.
179. L'office de monsieur, nature morte.

Villard (Jean-Marie), né à Ploaré (Finistère). Elève de M. Gleyre. Méd. au Havre, 1869. A Quimper.

180* Intérieur breton.
181* Plage du Riz, à Douarnenez (Finistère).
182* Environs de Quimper.

(Voir dessins).

Vincent (Mlle Lucie-Henriette), née à Brest (Finistère). Elève de MM. Diosse, Menner et Carolus-Duran. Méd. arg. Saint-Brieuc 1881.

183* Portrait de femme. Etude néo-grecque.

Vuillefroy (Georges-Jean-Eugène de),
né à Quimper (Finistère). Élève de
Félix de Vuillefroy. 17, rue Saint-
Augustin, à Paris.

184* Chiens de Vendée en relais.
185 Etude de paysage.

II. DESSINS

~~~

Abgrall (Jean-Marie), né à Lampaul-Guimiliau (Finistère). Elève de M. Brune. A Pont-Aven.

186. Eglise de Tréboul en construction.
1. Élévation.
2. Coupes.
3. Maitre autel.
(Trois dessins d'architecture).

Arhan (J.-M.). Elève de M. Abgrall.

187. Clocher de Lambader. Dessin d'architecture.

Barrat (Mlles Jeanne-Claire et Céline), nées à Nantes. Elèves de Mlle Emilie Poisse. Méd. verm., Angers 1877. 4, rue de Crucy, à Nantes.
~~~

188. Qui va là ? Faïence encadrée.
189. Le printemps. Applique à lumière. Faïence.
190. Sujets bretons. Une paire d'appliques, Porcelaine.
191. Plat ovale. Faïenc·, fond bleu.
192. Plat rond. Une vieille faïence. Peinture.
193. Roses et réséda. Assiette feuille. Porcelaine.
194. Imitation vieille faïence de Rouen. Peinture sur une vielle faïence du Croisic.

Blayot (Louis-Désiré), né à Lorient (Morbihan). A Nantes.

195. Portrait de Mme A... Dessin à l'encre de Chine.
196. Portrait de Mlle M. R... Dessin à l'encre de Chine.

Bouyer (Mlle Madeleine). A Brest.

197. Deux tapisseries sous verre.

Carré (Hippolyte), né à Brest (Finistère).

198. Reconstitution de l'abbaye de Saint-Mathieu, près Brest. Dessin d'architecture en deux feuilles.

Chédeville (Alexandre-Louis), né à Lorient (Morbihan).

199. Un moulin. Fusain.
200. Kanala (Nouvelle-Calédonie). Fusain.
201. John Creek, près Nouméa. Fusain.
202. Sépia. Ferme.

Collot-Béranger (Henri), né à Brest (Finistère). Elève de M. Auger père.

203* L'après-midi. Fusain.

204* Le soir. Fusain.
205* Moutons. Sanguine.
206* Chèvres. Sanguine.

(Voir peinture).

Descormiers (Alfred), né à Vannes (Morbihan). Méd. bronze. Vannes 1883.

207* Marines et paysages. Gouaches.
208* Marines et paysages. Gouaches.

Dupré (Jean-Baptiste), né à Cossé-le-Vivien (Mayenne). Elève de MM. Abraham et fils.

209. Le matin. Crayon rehaussé de blanc.

(Voir peinture).

Floch (Charles), né à Brest (Finistère). 4, rue Vauban, à Brest.

210. Le vaisseau le *Redoutable* coule bas sous la poupe de son remorqueur le *Swiftsure*, le lendemain du combat de Trafalgar. Aquarelle.

211. L'aviso du ministère des postes et des télégraphes l'*Ampère*, réparant le câble sous-marin de l'île d'Ouessant. — Aquarelle.

Fournier (Pauline), née à Lorient (Morbihan). Elève de M. Coroller.

212. Le chaos, vue de la forêt de Fontainebleau. Fusain.

Froger (Ernest-Emmanuel), né à Saint-Florent-le-Vieil (Maine-et Loire).

213. Une nouvelle bonne. Aquarelle.

214. Bohémiens. Aquarelle.

Gallot (Stéphan), né à Vire Calvados).
Elève de M. Legrain. 27, rue de l'Hô-
pital, à Lorient.

215. Vue du Scorff. Fusain.
216. Chêne au bord de l'eau. Fusain.
217. Moulin de Kerhor (Morbihan). Fusain.

Giraudon (Henri-Marie), né à Pertuis
(Vaucluse). Elève de M. Gerôme et
Etex.

218. Portrait du schah de Perse. Dessin au crayon
noir.

Guernier (Charles-Eugéne), né à Saint-
Malo (Ille-et-Vilaine). Elève de MM.
Murciany et Garnerey.

219* Souvenir d'Espagne. Encre.
(Voir peinture.)

Hamonic (Emile), né à Moncontour.
(Côtes-du-Nord).

220* Le moulin de Launay, prés Moncontour.
Dessin à la plume.
221. A Moncontour. Entrée de la ville. Fortifi-
cation de l'ancienne porte Notre-Dame.
Dessin à la plume.
222* Vieux paysan gallot. Dessin à la plume.
(Voir peinture).

Hiard (Mlle Elisa), né à Brest (Finistére). Elève de M. E Benner et de Mme
P. Loubens, 49, rue Lemercier, à Paris.

223* Mimulus, bouquet de fleurs. Peinture sous
émail de Deck.

224* Géranium et chèvrefeuilles. Peinture sous
émail de Deck.

Hombron (Jean-Baptiste-Etienne-Henri), né à Lambézellec (Finistère). Elève
de M. Caradec.

225* Le sacrifice d'Iphigénie, d'après le tableau du
Musée de Brest, de Ch. Coypel. Gouache.

226. Un chemin en Bretagne, d'après le tableau
du Musée de Brest, de C. Bernier. Salon
de 1878. Gouache.
(A Madame Penquer).

227. Une escapade, d'après le tableau du Musée
de Brest, de Mme Schneider. Gouache.
(A M. Ch. Le Conte, avoué).
(Voir peinture)

Huault-Dupuy (Valentin), né à Angers (Maine-et-Loire). Méd. bronze.
Saint-Brieuc 1881 17, rue Denis Papin, à Angers.

228. Cadre contenant :
1. La descente du cimetière, à Menton.
2. Place neuve, à Angers. Eau forte.

Jacquet (Mlle Henriette), né à Narbonne(Aude). A Varades (Loire-Inférieure).

229* Le cadeau du grand-père. Porcelaine d'après
Pabst.

Jobbé-Duval (Félix), né à Carhaix
(Finistère). Elève de P. Delaroche et
Gleyre. Hors concours.

230. Portrait du jeune C. B...
(A M. Berger).
(Voir peinture).

Lacoste (Léon-Joseph-Victor) né à
Paris.

231* Bouquet de fleurs. Porcelaine.
232* Princesse de Lamballe. Faïence.
(Voir Peinture.)

Laigneau, né à Bourg (Ain). Elève de
Lorin de Chartres. A Saint-Brieuc.

233. Saint-Jean. Fusain.
(Carton pour vitrail.)
234. Saint-Alexis. Fusain.
(Carton pour vitrail.)
235. Calques de vitraux anciens.

La Pierre (Victor), né à Lambézellec
(Finistère). Elève de Gleyre et Jobbé-
Duval. 20 médailles or, argent, bronze,
diplômes, etc.

235 (*bis*). Plans du château du Leuhan (Finistère).
Dessin d'architecture.
(Voir Art rétrospectif.)

Le Duc (Charles), né à Nantes.

236* Pêche à la sardine. Fusain.
237* Tempête. Le bec du Raz de Sein. Fusain.
(Voir Peinture.)

Leguerrannic (Ernest), né au Conquet.
(Finistère). Elève de M. Laisné.

238. Ruines. Dessin à la plume.
239. Tourelle. Dessin à la plume.
240. Paysage au bord de la mer. Dessin à la
plume.

241. Projet d'église, pour l'église Saint-Martin
de Brest.
1. Élévation.
2. Façade longitudinale.
242. Manoir de Belorient (forêt de Lorge). Dessin
d'architecture.

Le Mérer fils (Philippe-Corentin), né
à Lannion (Côtes-du-Nord). Elève de
son père. A Lannion.

243. Dessins d'architecture. Un carton.
244. Reproductions photographiques de travaux
d'églises. Un carton.
(Voir Sculpture).

Léonnec (Paul-Félix) , né à Brest
(Finistère).

245* Mauvaise journée. Dessin à la plume.

Levarat (Yvon), né à Plourivo (Côtes-
du-Nord). Elève de Carolus Duran.
A Paris.

246. Une marine. Crayon.
247. Une étude de portrait à l'estompe.

Mage (Henri-Léon), né à Nesle (Somme).

248* Un vœu à Saint-Languy. Aquarelle.
249* La Prière. Aquarelle.
(Voir peinture).

Mahéo (Théophile-Jean-Marie), né à
Dinan (Côtes-du-Nord). Elève de MM.
de Jaegher et Saint-Germain. A Morlaix.

250* La Roche-Blanche. Fusain.
251* Le ruisseau du gouffre, forêt du Huelgoat. Fusain.
252* La plage de Carantec. Fusain.
253* Le pré de l'Armorique, près Morlaix. Fusain.

Marant-Boissauveur (Félix), né à Lorient (Morbihan). Elève de MM. Caradec, Ernest Hébert et Bonnat.

254* Un coin de la rade de Brest. Soleil couchant. Pastel.
255* Côte de Provence. Souvenir du fort de Cassis et des roches calcaires. Pastel.
(Voir peinture).

Payen (Etienne-Charles-Edouard), né à Brest (Finistère).

256. La *Surveillante* aux Açores 1830. Marine. Crayon noir.
257. L'*Hercule* signalant Brest. Crayon noir.
(A M. le docteur Carof).

Périgois (Frédéric). A Brest.

258. Une vue de Suisse. Tapisserie.
259. Ferme avec moutons. Tapisserie.
260. Paysage avec animaux. Tapisserie.
261. Ruine avec chûte d'eau. Tapisserie.
262. Chasse aux cerfs. Tapisserie.
263. Chasse à la biche. Tapisserie.

Picou (Eugène), né à Nantes.

264* Nubile. Aquarelle.
265* La pêche des macres sur l'Erdre. Aquarelle.
(Voir peinture).

Pitel (Aristide) de Brest.

265 bis. Miniature sur ivoire faite à Hong-Kong
par un Chinois, d'après une photogra-
phie de M. Mage, de Brest.

Pradère (Onésime), à Brest.

266. Plan de la bataille de Bac-Nirch. Gravure
chinoise.

Pradère (Léon), à Brest.

267. Miniature sur ivoire, faite à Hong-Kong, par
Sen-Yuen, peintre chinois.

Prevel (Louis-James), né à Nantes.
Elève de MM. Fortin, Bourgerel et
Questel.

268. Le château des Granges Cathus, près Tal-
mont (Vendée). Aquarelle.
(Voir peinture).

Puyo (Edouard), née à Morlaix (Finistère). Elève de Charles Puyo. Méd. arg.
Toulouse 1851. Méd. vermeil. Rennes
1859.

269. Le chène. Dessin à la plume.
(Don à la ville de Brest).
270. Sentinelle perdue. Fusain.

Reveillère (Edmond-Marie), né à Mou-
trelaix (Loire-Inférieure). Elève de
Auger père. A Brest, rue de Poulic-al-
Lor, 46.

271. Intérieur d'étable à Kerivin (Finistère).
Crayon noir.

272. Tête de chien. Dessin à la plume.
273. Château de Kerjean, en 1838. Eau forte.
274. Chien d'arrêt menant à vue, d'après Carle Vernet. Eau forte.
275. Un cadre contenant quatre eaux fortes.

    1. L'agriculture. Emblême.
    2. Taureau. Race normande.
    3. Moutons. Race de Ségur.
    4. Verrat. Race craonnaise.

                (Voir art rétrospectif.)

Roussin (Alfred-Victor), né à Nantes. Elève de Coignet. A Lorient.

276. Un cadre contenant quatre dessins au crayon noir.

    1. Vue à Batavia.
    2. Rivière à Ceylan.
    3. Vallée aux Pyrénées.
    4. Route d'Aulm (Pyrénées).

Roux (Paul), né à Paris. Elève de MM. Louis Roux et Cabanel. 1re médaille. Saint-Germain 1879, 2e médaille, Dijon 1883.

277. Baie de Camaret (Finistère). Aquarelle.

Testard (Louis), né à Saint-Thégonnec (Finistére).

278. Rade de Lorient. Fusain.

Villard (Jean-Marie), né à Ploaré (Finistère). Elève de M. Gleyre.

279' Paysage breton. Fusain.
280* Paysage breton. Fusain.

> **Villemin** (Mlle Hermance), née à Paris.
> Elève de Mme de Cool. 11, rue Vavin,
> à Paris.

281* Jeune fille se défendant contre l'amour. Porcelaine d'après Bougueneau.

III. SCULPTURE

Autrou (Arthur), né à Châteauneuf-du-
Faou (Finistère). Elève de MM. Baron,
Morice et Camus. A Quimper.

282* Motif de pendule. Applique en bois sculpté,
Là où fleurissent les arts, l'industrie et le
commerce, règne l'abondance.

Casini (Mlle Amélie), née à Dinan (Côtes-
du-Nord). Elève de son père et de
M. Ogé. Méd. argent, St-Brieuc 1881.
A Dinan.

283* C'est trop chaud. Groupe en terre cuite.
(Salon de 1883).
284* La partie de billes. Terre cuite.
285* Tête d'enfant. Plâtre.

Cugnot (Léon), né à Paris. Elève de
Duret et de Diébolt. A Paris.

286. Engagé volontaire. Infanterie de marine.
1870-1871.
(A M. Rouget).

François et fils, à Brest.

287* Un médaillon en bois scuplté. (Travail exécuté par M. Courteille, Eugène, ouvrier scupteur de la maison François.

Herlido (Jacques Marie) , né à Guingamp (Côtes-du-Nord). Elève de **M.** Latouche. Médaille argent à Vannes 1883.

288. Deux statues polycrhôme, pour églises.

Hernot (feu Achille). Elève de M. Dumont. A Lannion (Côtes-du-Nord).

289. Ange funéraire en marbre de Carare.

Lapierre (Victor) , né à Lambézellec (Finistère).

289 bis. Buste de M. Lapierre père. Plâtre.

Le Mérer fils (Philippe-Corentin), né à Lannion (Côtes-du-Nord). Elève de son père. A Lannion.

290. Jésus chez Simon. Sculpture sur bois. Bas-relief.

291. Retour de l'enfant prodigue. Sculpture sur bois. Bas-relief.

292. Pupitre allégorique pour cadeau de noce. Sculpture sur bois.

293. Médaillon. Scuplture sur bois. Sculpté par J.-M. Le Roy, ouvrier de la maison Le Mérer, depuis 1851.

294. Colonnette torse. Bois sculpté.

295. Ecce Homo. Bas-relief. Bois sculpté.

(Voir dessins).

Ménier (Auguste), né à Saint-Renan
(Finistère). Elève de Ogié et Demont.
4, rue Duperré à Brest.

296. Portrait de fillette. Médaillon plâtre.

297. Le travail et l'épargne fondant l'Industrielle
(Société de retraites civiles). Médaillon
plâtre.

Nayel (Auguste-François-Joseph), né à
Lorient (Morbihan). Méd. bronze,
Vitré 1876. Méd. argent et méd. bronze,
Angers 1877. Méd. bronze, Paris, Expo-
sition universelle de 1878. Méd. de
vermeil, St-Brieuc 1881. Méd. d'argent,
Vannes 1883. A Lorient, avenue de
Carnel.

298. Yannic. Enfant breton. Buste terre cuite.
(A l'Auteur.)

299* Marie de Brizeux. Buste terre cuite. Admis
au Salon de 1882.

300* Lutteur de Scaër, entrant en lice. Statuette
en plâtre. 1 mètre de haut. Admis au Salon
de 1881.

301* Six petits bas-reliefs en terre cuite, dans un
cadre.

Perrin (Paul), né à Daoulas (Finistère).
Elève de Dauban, à Landerneau.

302. Vercingétorix. Statue en pierre de Kersanton, de 2 mètres de haut.

303. Velléda. Statue en pierre de Kersanton, de
2 mètres de haut.

Rollé (A...).

304. L'hiver. Terre cuite.

(A M. Panaget).

IV. ART RÉTROSPECTIF

A.... Docteur à Brest.

305. Combat des Trente. Ancienne peinture.
306. Les eaux douces d'Europe et la mosquée d'Eyoub, près Constantinople. Aquarelle.
307. La sortie des bâteaux-pêcheurs. Peinture à l'huile de Verbeckhoeven.
308. Portrait de Charlotte Corday. Gouache.
309. Portrait sur plaque de faïence émaillée.
310. Portrait du Régent sur plaque émaillée, xviie siècle.
311. Portrait de Mme Dugazon, miniature sur ivoire.
312. Les petits savoyards, gravure à l'aquatinta du xviiie siècle, peut être attribuée à Saint-Aubin.
313. Le couronnement de Voltaire, au Théâtre-Français. Gravure de Gaucher, 1872, d'après dessin de Moreau Lejeune.
314. Le déjeuner de Ferney, grav. par Née et Masquetier 1775, par Denon.
314 bis. Daphuis et Chloé. Gravure de Roger, d'après Prudhon.

315. L'hypnotisme en 1750. Deux planches.
316. Vingt-six portraits à l'aquatinta.
317. Deux assiettes, peinture d'après Duplessis Bertaux.
318. Un ravier, dessin de Saxe.
319. Aquarelle de Wickembourg.
320. La justice poursuivant le crime. Gravure de Gelis, d'après Prudhon.
321. Presse papier. Peinture de Jugelet, de Brest.
322. Deux statuettes romaine en bronze.
323. Deux petits portraits à l'huile.
324. Quatre plaques faïence.
325. Quatre médailles modernes.
326. Une grande médaille de Dupré.
327. Une plaque bronze ciselé.
328. Un plat cuivre représentant les beaux-arts.
329. Deux dessins d'Ozanne. Crayon rouge.
330. Lots autographes de Thiers, Latour-d'Auvergne, Châteaubriand, Cambry, Souvestre, Fréminville, du Couédic, Brizeux.
331. Ordonnances de la marine, aux armes du duc de Choiseul.
332. Deux tabatières miniature.
333. Un grand plat, vieux Quimper.
334. Une gravure Fragonard, l'heureuse fécondité. Gravée par Massard.
335. Combat de l'*Erolas* et de la *Clorinde*. Dessin de Gilbert.
336. Portrait de Latour d'Auvergne et autographe.
337. Portrait de d'Estaing et autographe.
338. Brochure du combat de la *Surveillante* et du *Québec*.
339. Lot de 9 portraits coloriés des acteurs du xviiie siècle.

340. Lot de sept dessins originaux de :
Rembrandt. Ecole Hollandaise.
Fra Bolognèse. Ecole Italienne.
N. Poussin. Ecole Française.
Cochin. Florissait vers1783.
Saint-Aubin. 1724-1780. Ecole Française.

Arnavon (Auguste-Jean-Etienne). Rue Saint-Yves, 33, à Brest.

341. Scène émouvante des familles de la Vendée en guerre contre les Bleus. Dessin à la plume et au lavis, par de Vanteaux, 1861.

Barret (Jean-Marie). Rue de Siam, à Brest.

342. Numismatique Impériale romaine, depuis Pompée jusqu'à Léon Le Sage (10e siècle).

Berger (Charles). 54, rue de Paris, à Brest.

343. Construction du bassin de l'anse de Troulan, à Brest. Aquarelle vers 1760.

Bertic (Pierre), juge de paix à Brest. Place de la Touche, à Brest.

344 Panoplie de haches celtiques. Collier gaulois.

Bonain (Erasme), rue Neptune, 9, à Brest.

345. Un fragment de tête, en tuffeau.
346. Un fragment de statuette, terre cuite.
347. Débris de mosaïque romaine.
348. Urne cinéraire.
349. Amphore.

350. Un débris d'Amphore.
351. Trois vases étrusque.
352. Un couvercle vase étrusque.
353. Un débris de vase anyrien.
354. Un débris d'inscription.

Carof (Mme). A Brest.

355. Baton de Mandarin.
356. Deux statues chinoises.
357. Magot chinois.
358. Hache de la Nouvelle-Zélande.
359. Deux coupes de Sacrificios (Mexique.
360. Trois monnaies en terre de Sacrificios.
361. Une hache de pierre de Sacrificios.
362. Tête et pied de vieillard, cire.
363. Boucles d'oreilles. Nouka-Hiva.
364. Pipe os humain   id.
365. Rat déniché (Pyramide d'Egypte).
366. Poterie tombeau Hico.
367. Médaillon de terre (Pyramide de Gymsey).
368. Deux statuettes égyptiennes.   id.
369. Statuette égyptienne.
370. Deux poteries égyptiennes (Grande pyramide).
371. Pibule étrusque.
372. Grain de verre étrusque. Rome.
373. Quinze fossiles trouvés en creusant l'Isthme de Suez.
374. Parure faite de dents de squale-fossiles. id.
375. Fragment d'aérolithe.
376. Briques et os romains.
377. Bronze romain.
378. Carreau vitrifié.
379. Statuette ivoire.
380. Coin de faux-monnayeur.
381. Vierge et enfant Jésus en plomb.

382. Email en or. Portrait de Lavallière.
383. Petite hache de chevalier.
384. Hausse-col de la 1re République.
385. Médaillon Henri IV. Bronze.
386. Trois assignats.
387. Vase de bronze mellé d'argent. Vieux Persan.
388. Plateau craquelé. Chine.
389. Tasse et soucoupe. Vieux Chine.
390. Deux porte bouquets. Vieux Chine.
391. Manuscrit pris dans la tente d'Abd-el-Kader. (Prise de la Smalah).
392. Quatre boutons écaille. Chinois.
393. Corne de rhinocéros.
394. Petit dieu Cambodge.
395. Signe de ralliement des Carbonais.
396. Couteau poignard du Cambodge.
397. Décoration chinoise.
398. Feuillet du lutrin de l'abbaye de Saint-Mathieu.
399. Virole d'or forgé.
400. Woomeran.
401. Médaille d'argent du Conseil des Cinq-Cents.
402. Assiette hollandaise.
403. Brasero. Faïence Louis XV.

Corre (Gustave). A Brest, rue du Moulin, 33.

404. Trois modèles d'escalier, au 1/40 d'exécution, par feu son père.

Félep, aîné (G.), à Landerneau (Finistère).

405. Coupe en faïence ancienne (Italienne).
406. Deux assiettes faïence. Vieux Delft.

407. Un plat. Vieille faïence de Strasbourg.
408. Une aiguière Vieux Rouen.
409. Une assiette. Vieux Rouen.
410. Deux assiettes porcelaine ancienne. Genre rocaille.
411. Un chandelier ordinaire. Bronze époque Louis XIII.
412. Un chandelier ordinaire. **Bronze attribué au XV⁰ siècle.**
413. Un chandelier. Bronze doré Louis XV.
414. Un tableau de fleurs. Peinture à l'huile, signée P. Favrot.
415. Petit sujet turc. Peinture à l'huile.
416. Une gravure ancienne, de Simonnet.

Gloanec (Joseph). A Pont-Aven (Finistère).

417. La visite à l'accouchée. Scène bretonne à Pont-Aven (Finistère), Tableau à l'huile, de Van den Anker (Herman), né à Rotterdam.

Hombron (Mme veuve), à Brest.

418. Treize assiettes faïence de Lunéville, à bords bleus.
419. Une assiette, *idem*, bords rouges.
420. Une assiette, *idem*, blanche.
421. Une assiette, vieux Rouen.
422. Six assiettes, vieux Quimper.
423. Un saladier breton.
424. Un bol breton. Plougastel.
425. Deux plats bretons.
426. Une cuvette et pot à eau, vieux Rouen.
427. Un pot, *idem*.
428. Deux vases bleus en Delft.
429. Un vase en Delft.

430. Deux assiettes creuses bretonnes.
431. Coupe de Sèvres.
432. Douze assiettes, porcelaine de Montrouge.
433. Un sucrier Saxe
434. Une tasse vieux Rouen.

Laudescher. A Lambézellec, rue de
    Brest, 81.

435. Deux gravures en couleur, d'après Le Bar-
    bier, par Mariage.

Lapierre (Victor), né à Lambézellec
    (Finistère).

436. Deux tableaux russes.
437. Trois vieux saints bretons en pierre.
438. Carafe et verre anciens.
439. Plats en étain.
440. Vieilles faïences.
441. Une chasuble.
442. Un livre de blason.
443. Deux vierges en vieille faïence.

Le Marchand (E...), 25, quai de
    Léon, à Morlaix (Finistère).

444. Marine. Tableau à l'huile de Van-der-Kabel
    (1663-1695).
445. Saint Jérôme en contemplation. Peinture
    sur cuivre. Attribuée au Dominiquin.

Maingard (Paul). A Brest, place
    Latour-d'Auvergne, 6.

446. Un dessin à la sanguine, attribué à l'école
    française.

447. Un cadre contenant six dessins plume, re-
haussée de sépia, par Tadeo Zuccaro. École italienne.
448. Vue de Frascati. Gravé par Sauvage, d'après
Michalon.

Nielly (Maurice), 55, rue de la Rampe,
à Brest.
449. Naufrage de la *Caravane*, pendant un oura-
gan aux Antilles. Dessin au crayon noir,
par Gilbert, de Brest.
450. Portraits de famille. Toilettes et modes de
1779. Dessin au crayon noir, par Dubois.

Panaget (Jules), de Brest.
451. Deux statuettes en vieille faïence de Chan-
tilly.
452. Un baguier Saxe.

Payen (Etienne-Charles-Edouard), de
Brest.
453. Les quatre éléments. 4 panneaux en terre
cuite, de Valauris.

Pillard (Alphonse), de Brest.
454. L'amour au village. Peinture signée Mel-
zer.

Réveillière (Edmond-Marie), né à Mon-
trelaix (Loire-Inférieure). Elève de
Auger, père. 46, rue de Poulic-al-Lor,
à Brest.
455. Vue de l'église de Gouesnou. Lithographié
par Pouliquen, architecte. Chez Auger, imp.

456. Portail d'église du XVe siècle. Lithographié par Henri, de Brest.

> (Voir dessins).

Rosenzweig (Mme Vve Léonie). 15, rue du Commerce, à Vannes (Morbihan).

457* Nature morte. Deux tableaux à l'huile, de Baton dit Blainville.

Simottel (Mme Robert). Rue Vauban, à Brest.

458. Un verre cristal taillé.
459. Un verre   id.
460. Six verres d'Espagne.
461. Carafe vieux Bohème.
462. Carafe de 1740.
463. Calice cristal taillé.
464. Calice   id.
465. Deux carafes et deux verres à pied, de Saint-Louis (Suisse).
466. Vierge vieille faïence moyen-âge.
467. Porcelaine de Colmar, Empire : un sucrier, une cafetière, une tasse, un pot au lait.
468. Deux fleurons vieux Rouen.
469. Assiette genre Sèvres.
470. Panier et son plateau, terre de pipe (Vieux Lorraine).
471. Plat rond porcelaine de Chine (Cie des Indes).
472. Un saladier vieux Rouen.
473. Quatre assiettes vieux Nevers.
474. Six assiettes vieux Rouen.
475. Deux assiettes vieux Quimper.
476. Deux assiettes porcelaine (Cie des Indes).
477. Deux assiettes vieux Lunéville.
478. Un plat Rouen.

479. Une assiette.
480. Deux assiettes vieux Strasbourg.
481. Trois sujets (Liège et ceps de vigne).
482. Bonbonnière vieux Saxe.
483. Deux tabatières Louis XV.
484. Un christ ivoire.
485. Un christ au calvaire en buis (XVIIe siècle).
486. Un christ bois peint (XVIIe siècle).
487. Une console et glace Louis XV.

Somborn (Adolphe). A Brest rue Saint-Yves, 33.

488. L'Automne. Peinture à l'huile de Ch. Bour, de Lunéville.
489. Deux petits tableaux à l'huile, signés Ch. Bour.
490. Un cardinal. Aquarelle de Ch. Bour.
491. Mendiant Italien. Aquarelle de Ch. Bour.

BREST. — TYP.-LITH F. HALÉGOUET